FIRST NAME:
....
MIDDLE NAME:
....
LAST NAME:
....
YEAR:
......

GOOD LUCK

Tracing Letter Aa

DATE : ....

A A A A A A A

a a a a a a a

A A A A A A A

a a a a a a a

A a A a A a A a A a A a A a

APPLE

APPLE

Tracing Letter Bb

DATE : ....

B B B B B B

b b b b b b

B B B B B B

b b b b b b

Bb Bb Bb Bb Bb Bb

BEE

BEE

Tracing Letter Mm

DATE : ....

M M M M M M

m m m m m m

M M M M M M

m m m m m m

M m M m M m M m

MONKEY

MONKEY

Tracing Letter Qq

DATE : ....

Q Q Q Q Q Q Q

q q q q q q q

Q Q Q Q Q Q Q

q q q q q q q

Q q Q q Q q Q q Q q Q q Q q

QUAIL

QUAIL

Tracing Letter Rr

DATE : ....

R R R R R R

r r r r r r r

R R R R R R

r r r r r r r

R r R r R r R r R r R r

RABBIT

RABBIT

Tracing Letter Ss

DATE : ....

S S S S S S

s s s s s s s

S S S S S S S

s s s s s s s

S s S s S s S s S s S s s

SNAKE

S N K E

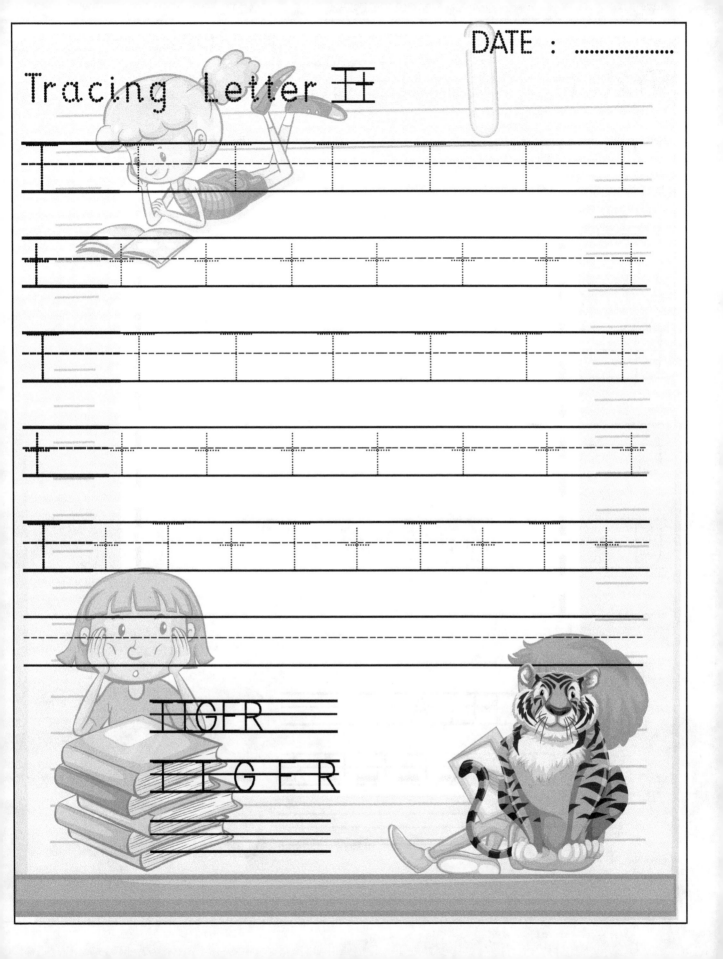

Tracing Letter Ww

DATE : ....

W W W W W

W W W W W

W W W W W

W W W W W W

W w w w w w w

WATER MELON

Tracing Letter Yy

DATE : ....

Y Y Y Y Y Y

Y y y y y y

Y y y y y y

Y y y y y y

Y y Y y Y y Y y Y y Y y

YAK

YAK

Tracing Letter Zz

DATE : ....

Z Z Z Z Z Z Z
Z Z Z Z Z Z Z
Z Z Z Z Z Z Z
Z Z Z Z Z Z Z
Z Z Z Z Z Z Z

ZEBRA

ZEBRA

www.ingramcontent.com/pod-product-compliance
Lightning Source LLC
Chambersburg PA
CBHW082218150125
20470CB00034B/1261